WELTGESCHICHTE FÜR JUNGE LESER

In dieser Reihe sind bisher erschienen:

 ISBN 978-3-89660-321-0

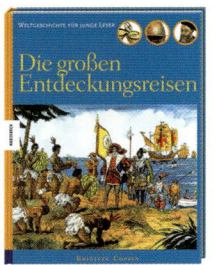 ISBN 978-3-89660-322-7

 ISBN 978-3-89660-335-7

 ISBN 978-3-89660-334-0

 ISBN 978-3-89660-336-4

 ISBN 978-3-89660-431-6

 ISBN 978-3-89660-385-2

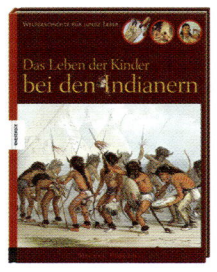 ISBN 978-3-89660-384-5

 ISBN 978-3-89660-432-3

 ISBN 978-3-89660-468-2

 ISBN 978-3-86873-005-0

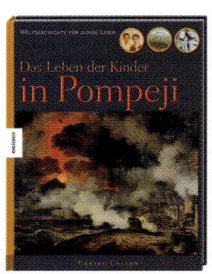 ISBN 978-3-89660-507-8

 ISBN 978-3-89660-506-1

 ISBN 978-3-89660-454-5

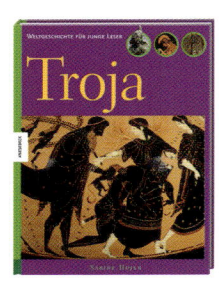 ISBN 978-3-89660-566-5

 ISBN 978-3-86873-004-3

 ISBN 978-3-89660-467-5

 ISBN 978-3-86873-102-6

Die Baumeister der Kathedralen

FRANÇOIS ICHER

Aus dem Französischen von Stephanie Singh

KNESEBECK

Inhaltsverzeichnis

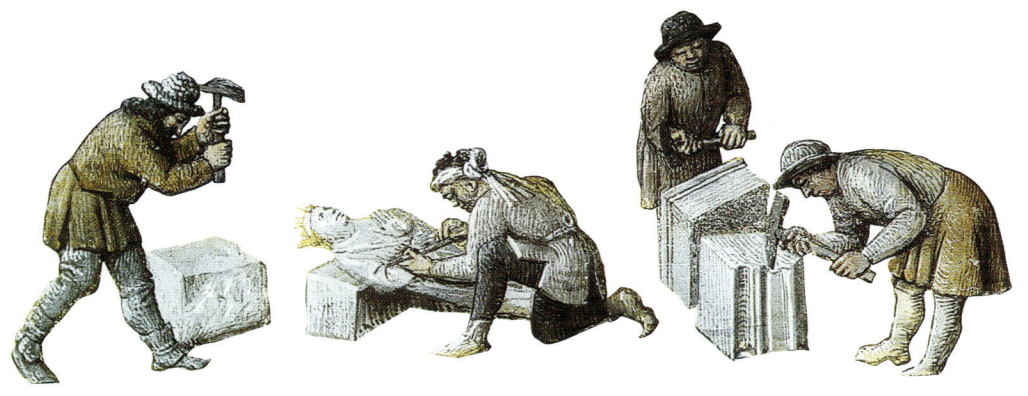

Die Zeit
der Kathedralen

▲ Die Handwerker auf den Baustellen der
Kathedralen blieben unter sich. Sie bildeten eine
eingeschworene Gemeinschaft.

Ein Dom oder eine Kathedrale ist meist eine Bischofskirche. Daher steht in jeder größeren Stadt, in der ein Bischof für die Gemeinden des umliegenden Gebietes zuständig ist, ein Dom. Besonders viele Kathedralen wurden im späten Mittelalter, ab dem 12. Jahrhundert, gebaut, zum Beispiel Notre-Dame in Paris, die Kathedrale von Canterbury in England oder der Kölner Dom. Neue Bautechniken ermöglichten eine neue Architektur: Das große Gewicht der Steingewölbe ruhte nicht mehr allein auf den dicken Mauern, sondern auf Pfeilern und auf Strebebögen aus Stein, die von außen die Mauern der Kathedrale verstärkten.

Diese Skelettbauweise mit den hohen Kreuzrippengewölben und einem Strebewerk machte es möglich, die Kathedralen höher zu bauen: Die Kirche reckte sich in den Himmel, Gott entgegen. Außerdem konnten großflächige Fenster in die Mauern eingelassen werden. So wurde es im Kirchenraum deutlich heller. Die Fenster waren mit kunstvollem steinernem Maßwerk verziert, und über dem Hauptportal prangte ein rundes Rosettenfenster, auch Fensterrose genannt.

Nach dem 12. Jahrhundert, als die ersten gotischen Dome entstanden, entwickelte sich die gotische Bauweise überall in Europa beständig weiter. Sie war bis etwa 1550, also über das Ende des Mittelalters hinaus, verbreitet.

Im 12. Jahrhundert gab es kaum Kriege und Krankheiten. Der Weizen gedieh und der Handel blühte. Die Bevölkerung in den Städten wuchs deshalb stark an. Die Gläubigen fanden in den dunklen und engen romanischen Kathedralen nicht mehr genug Platz. Oft wurde deshalb ein neuer Dom erbaut.

Die neuen Kathedralen sollten nach dem Willen der Bischöfe und des Adels schöner, höher und größer sein als die alten romanischen Kirchen. Jedermann sollte den Reichtum der Stadt schon von weitem an der Kathedrale erkennen können.

Doch die neue gotische Bauweise war aufwendig. Man brauchte für den Bau einer Kathedrale viel Holz und hochwertigen Stein. Fortschrittliche Baumeister mussten den Dom planen, erfahrene Handwerker die verschiedenen Arbeiten ausführen und Techniker mit Hebemaschinen die schweren Baumaterialien in große Höhen bringen. Das alles kostete viel Geld, das der Bischof erst einmal aufbringen musste.

Wir werden in diesem Buch Simon, Christian, Pascal, Daniel und vielen anderen begegnen. Sie waren am Bau großer Dome beteiligt und nehmen uns mit auf eine Zeitreise zu den Erbauern der Kathedralen.

◄ In Begleitung seiner Berater begutachtet Abt Suger, wie weit die Arbeiten an der Kirche in Saint-Denis fortgeschritten sind. Er hat einen Plan seines Baumeisters dabei.

Die Gotik

Mitte des zwölften Jahrhunderts leitete Abt Suger das Kloster Saint-Denis bei Paris. In Saint-Denis waren viele französische Könige begraben. Der Abt, der ein enger Berater des damaligen Königs Ludwig VII. war, erhielt von diesem viel Geld für sein neues Projekt: Suger wollte seine Kirche umbauen und mit dem neuen Gebäude dem König von Frankreich vor Gott und den Menschen ein Denkmal setzen.

Der Abt wünschte sich eine helle, große Kirche, die vielen Gläubigen Platz bot und das Licht Gottes widerspiegelte. Der Chor, also der Bereich der Kirche, in dem der Gottesdienst abgehalten wird, sollte abgerissen und neu aufgebaut werden, und zwar mit großen Fenstern: »Ich will Licht«, so Suger, »ein Feuerwerk des Lichts! Unsere Bilder und Statuen sollen leuchten!«

Doch damit nicht genug. Das Gebäude sollte noch großartiger wirken. In der Kirche befanden sich Reliquien, also heilige Gegenstände, die während der Kreuzzüge im Heiligen Land entdeckt und von dort mitgebracht worden waren. Suger wollte, dass der Chorumgang den Pilgern, die von weither in seine Kirche kamen, genug Platz bot, um an den Reliquien vorbeizuziehen.

▲ Saint-Denis wurde zum Vorbild vieler gotischer Kathedralen.
Das Kirchenschiff ist breit, hoch und sehr hell.

Weil Suger mehr Sonnenlicht in die Kirche lassen wollte, wurde Saint-Denis als erste Kathedrale mit einem sogenannten Kreuzrippengewölbe gebaut: Zwei spitz zulaufende Rippen, die jeweils diagonal von einem Pfeiler zum anderen verlaufen und sich in der Mitte kreuzen, verteilen das Gewicht des Gewölbes und entlasten die Mauern. Dadurch konnte man größere Fenster einplanen.

Der Abt bestellte eine wahre Armee von Handwerkern nach Saint-Denis. Maurer, Steinmetze, Bildhauer, Gipsarbeiter, Dachdecker und Glaser reisten an.

Die neue Kirche wurde zwischen 1132 und 1144 erbaut. Sie war die erste ihrer Art und leitete ein neues Zeitalter im Kirchenbau ein. Im Vergleich zu den romanischen Kirchen mit den dicken Mauern und dem dunklen Innenraum war sie höher und größer und hatte wunderschön verzierte Glasfenster. Mit Abt Sugers Ideen begann so ein neuer Baustil, der später »Gotik« heißen sollte.

An einem Sonntag im Juni 1144 wurde der neue Chor von Saint-Denis geweiht. An der Feier nahmen der König von Frankreich, Adlige, Erzbischöfe und Bischöfe teil. Die Gäste waren von der Schönheit der neuen Kirche beeindruckt. Sie wollten ihre Kathedralen nun auch so umbauen, wie es Abt Suger in Saint-Denis gelungen war: Aus den alten Kirchen sollten schlanke, hohe und helle Gebäude werden.

Schlussstein des Kreuzrippengewölbes

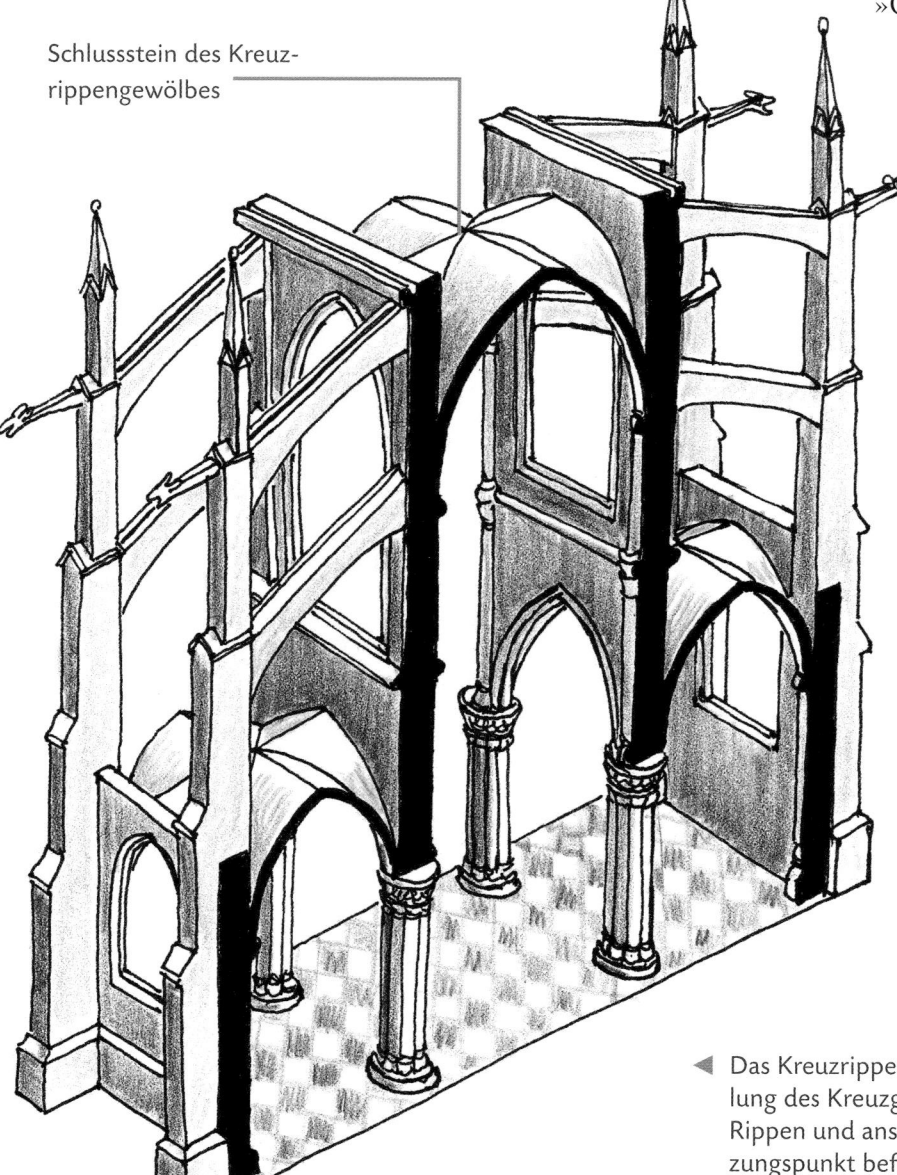

◀ Das Kreuzrippengewölbe war eine Weiterentwicklung des Kreuzgratgewölbes. Man baute zuerst die Rippen und anschließend die Gewölbe. Im Kreuzungspunkt befindet sich der Schlussstein.

Der Erzbischof von Rouen ließ seine gerade erst fertiggestellte romanische Kathedrale abreißen, um an ihrer Stelle eine gotische zu errichten. Auch in Chartres, Paris und vielen anderen französischen Städten entstanden Kathedralen im neuen gotischen Stil.

Doch der Bau einer Kathedrale war teuer. In erreichbarer Nähe zur Stadt musste es einen Steinbruch geben. Auch brauchte man einen Wald für die Gewinnung von Bauholz. Und natürlich Handwerker, die mit Stein, Holz, Metall und Glas umgehen konnten. Techniker mussten Hebeeinrichtungen bauen, mit denen die Steinblöcke nach oben befördert werden konnten. Und ein erfahrener Baumeister musste die Arbeiten auf der riesigen Baustelle überwachen. Nicht einmal der König war reich genug, um das alles zu bezahlen. Die Bischöfe baten deshalb die Adligen und die reichen Familien ihrer Gemeinden um Hilfe. Oft gaben auch die reichen Händler und die Zünfte, also die Handwerkervereinigungen der Stadt, Geld für den Dombau. Arme und Reiche zahlten freiwillig oder über den Zehnt, den sie als Kirchensteuer entrichten mussten.

Die Kunde von den schönen neuen Kathedralen verbreitete sich wie ein Lauffeuer über Europa. Schon bald waren die französischen Architekten und Handwerker in Deutschland, England, Spanien, Norwegen, Schweden und Ungarn begehrt. In England zählten die Londoner Westminster Abbey und das nordenglische Münster von York zu den ersten gotischen Bauten. Später entwickelte sich auf der Insel ein spätgotischer Stil mit sehr hohen Kirchenfenstern und fein verzweigten Fächergewölben. Als in Magdeburg nach einem Brand 1209

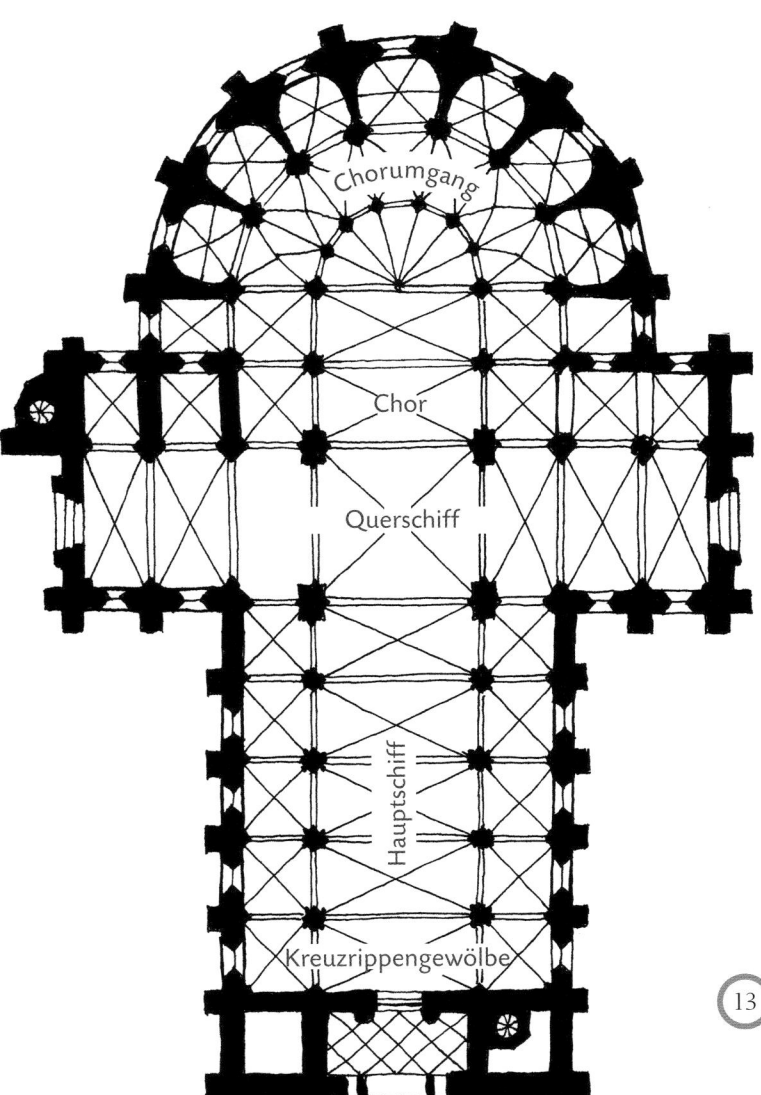

▲ Die Kathedrale hat die Grundform eines Kreuzes. Vor Baubeginn mussten genaue Pläne gezeichnet werden. Im Hauptschiff sitzen die Gottesdienstbesucher. Rechts und links schließen sich die Seitenschiffe an. Der Chor ist der Altarraum der Kirche.

▼ Hier sind die Wappen einiger mittelalterlicher Zünfte zu sehen. Die Vereinigungen der Handwerker gaben oft viel Geld für den Bau der Kathedralen.

Holzfäller   Schmiede   Obstbauern   Fischhändler

Wollweber   Tuchscherer   Bäcker   Färber

Schiffbauer   Seiler   Blaufärber   Kerzenzieher

der Neubau des Doms in Angriff genommen wurde, war das der erste gotische Kirchenbau auf deutschem Gebiet. Es folgten viele weitere, etwa in Trier, Halberstadt und Köln. Wie das Ulmer Münster, das mit gut 161 Metern den höchsten Kirchturm der Welt besitzt, wurde der Kölner Dom erst vor etwa 120 Jahren fertiggestellt. Überall in Europa kann man heute gotische Kirchenbauten bewundern: in Österreich zum Beispiel den Wiener Stephansdom, in der Schweiz das Berner Münster, in Tschechien den Prager Veitsdom, in Spanien die Kathedrale von Toledo, in Italien den Mailänder Dom oder in den Niederlanden den Dom von Utrecht.

Adalbert,

der Bauherr

Bischof Adalbert hatte schon viel für seine Stadt getan. Mit dem Geld seiner Gemeinde konnten eine Stadtmauer und ein Krankenhaus gebaut werden. Seit Adalbert Abt Suger und seine neue Kirche in Saint-Denis besucht hatte, konnte er an nichts anderes mehr denken: Auch seine Stadt sollte eine so schöne Kirche bekommen!

Die alte romanische Kirche aus dem achten Jahrhundert genügte ihm nicht mehr. Sie war klein, dunkel und bescheiden im Vergleich zu dem wunderbaren Bauwerk in Saint-Denis. Adalbert wollte deshalb das nötige Geld sammeln, um eine helle und hohe Kirche zu errichten. Ein erfahrener Baumeister sollte gute Handwerker auswählen und die Arbeiten beaufsichtigen.

Umgehend rief Adalbert seine adligen Berater zusammen, die Domherren. Die Domherren waren ursprünglich die Geistlichen an einer Bischofskirche, später auch Adlige aus der Stadt, die dem Bischof bei der Verwaltung des Bistums zur Seite standen. Die Domherren bildeten das sogenannte Domkapitel, das auch den Bischof wählte. Für den Bau einer neuen Kathedrale war der Bischof auf die Unterstützung der Domherren angewiesen. Doch Adalbert wusste, dass er sich auf sein Domkapitel verlassen konnte. Er erzählte der Versammlung von seinen Bauplänen.

▲ Den Bischof erkennt man am Bischofsstab und an der Kopfbedeckung, der Mitra. Er ist der Hirte der Gläubigen eines größeren Gebiets. Dieses Gebiet nennt man Diözese.

Für den Bau der künftigen Kathedrale brauchte man sehr viel Geld. Alle Bevölkerungsgruppen steuerten ihren Teil dazu bei.

Geld für die Kathedrale

Bischof Adalbert konnte die Domherren überzeugen: Einstimmig beschlossen sie den Bau einer neuen Kathedrale. Vorher hatte Adalbert ausgiebig mit seinem Freund Suger über den Plan gesprochen. Er wusste, dass er viel Geld brauchte, bevor er mit dem Bau beginnen konnte.

Da waren zunächst die unzähligen Tonnen Stein, die für den Bau einer Kathedrale nötig sind. Für den Dachstuhl und die Gerüste brauchte man viel Holz. Allein diese beiden Materialien verschlangen riesige Summen. Ochsenkarren mussten bezahlt werden. Der Baumeister, gut hundert Handwerker und ungelernte Handlanger mussten bezahlt, beherbergt und ernährt werden. Auch für den Materialnachschub musste man sorgen. Der Bau einer Kathedrale dauerte mehrere Jahrzehnte. Ohne eine genaue Planung konnte man ein so großes Vorhaben nicht umsetzen.

Der Bischof wollte den Zehnt, also die Kirchensteuer, für den Dombau verwenden. Da er sich sicher war, dass die wohlhabenderen Bürger den Bau zusätzlich unterstützen würden, ließ er überall in der Stadt Spendengefäße aufstellen.

Die Bauern konnten geben, was sie gerade hatten: Eier, Hühner oder ein Schaf. Einmal in der Woche wurden diese Gaben auf dem Markt verkauft. Der Erlös floss in den Bau der Kirche. Auch jede der zwölf Zünfte in der Stadt gab Geld für die Fenster der Kathedrale. Als Gegenleistung sollten sie auf den Fenstern dargestellt werden.

Trotz all dieser Mühen reichte das Geld immer noch nicht. Zum Glück wusste Adalbert, dass er sich auf die Stadtbewohner verlassen konnte: Starb ein reicher alter Händler, so vermachte er oft der Kirche einen Teil seines Geldes, weil er hoffte, damit seine Seele zu retten. Die Reichen kauften sich auch sogenannte Ablassbriefe, in denen ihnen einige ihrer Sünden vergeben wurden. Die Käufer der Briefe hofften außerdem, als Wohltäter der Kathedrale später einmal ins Paradies zu kommen.

Es kamen auch viele Pilger in die Stadt, um die Reliquien des ersten Bischofs Lukas zu sehen, der heilig gesprochen worden war.

▼ Die Pilger kamen von weither, um die Reliquien im Dom zu sehen. Auch sie spendeten Geld.

 Im Mittelalter waren viele Leute sehr arm und wenige sehr reich. Menschen ohne eigenen Besitz lebten von der Hand in den Mund, eine kleine Schicht Adliger und Händler dagegen lebte in Saus und Braus. Für den Dombau war der Bischof daher besonders auf die Hilfe der reichen Händler und Edelleute angewiesen.

Reliquie heißt eigentlich »Überbleibsel«. Meistens waren das Knochen, Haare oder Gegenstände, die einem Heiligen zugeordnet wurden. Berühmt ist beispielsweise das Turiner Grabtuch. In diesem Leinentuch, so hieß es, sei Jesus nach der Kreuzigung beigesetzt worden. Allerdings haben Wissenschaftler inzwischen herausgefunden, dass das Turiner Grabtuch mit den Blutflecken eines Gekreuzigten aus dem Mittelalter stammt.

Reliquien wurden in Reliquienschreinen in der Kirche aufbewahrt. Besonders im späten Mittelalter wanderten Pilger kreuz und quer durch Europa, um solche Reliquien anzubeten. Auch die Reliquien von Bischof Lukas in Adalberts Dom zogen viele Wall-

fahrer an, die vor allem am Namenstag von Lukas in großen Pilgergruppen in die Stadt zogen. Adalbert ließ neben dem Reliquienschrein Sammelbüchsen für die Spenden der Pilger aufstellen. Das Geld konnte er für den Dombau gut brauchen.

Dank all dieser Anstrengungen hatte Adalbert schließlich das Geld für mindestens sieben Monate Bauarbeiten zusammen. Weil die Spenden der Pilger, die Erbschaften und das Geld für die Ablassbriefe regelmäßig eingingen, hoffte er, die Arbeiten bis zur Vollendung der Kathedrale bezahlen zu können – vorausgesetzt, es brach kein Krieg aus und die Stadt blieb von der Pest verschont.

Christians Vater,

der Baumeister

Als Christian durch das Stadttor trat, war er erstaunt über das rege Treiben in der Bischofsstadt. Es war Markttag, und auf dem Platz vor dem Dom standen dicht an dicht die Marktstände. Dort gab es alles zu kaufen, was das Herz begehrte: Brot und Geflügel, Obst und Gemüse, Kleidung, Haushaltswaren und Arbeitsgeräte. Musiker und Schausteller unterhielten die Marktbesucher mit ihren Darbietungen. Am besten gefielen Christian die Gaukler.

Er konnte sich alles in Ruhe ansehen, denn sein Vater hatte einen Termin im Dom. Dort befragten der Bischof und die Domherren gerade die Männer, die sich um den Posten des Baumeisters beworben hatten. Die Nachricht von dem großen Bauvorhaben hatte sich rasch herumgesprochen, und es gab mehrere Bewerber. Nach der Vorauswahl waren vier Kandidaten übriggeblieben, unter ihnen Christians Vater David.

► Auf diesem Grabstein ist der Baumeister der Kathedrale von Reims in Frankreich zu sehen. Er hält ein Modell der Kathedrale in seinen Händen. Zu seinen Füßen liegen Winkelmaß und Zirkel, die Symbole seines Berufs.

► Dieser Arbeitsvertrag ist vom Bischof unterschrieben. Er regelt die Arbeitsbedingungen und den Lohn des Dombaumeisters.

David rechnete sich gute Chancen aus. Er hatte schon über zwanzig Jahre als Baumeister gearbeitet und kannte sich mit dem Maurer- und dem Zimmerhandwerk gut aus. Er hatte von erfahrenen Architekten gelernt und die Bauarbeiten an verschiedenen Abteien geleitet. David hatte drei Zeugnisse mitgebracht, in denen die Äbte seine gute Arbeit lobten.

Die Kandidaten mussten aufpassen, dass das geplante Bauwerk nicht zu teuer wurde. Fünf Bewerber waren wegen zu teurer Entwürfe schon in der Vorauswahl abgelehnt worden.

Der Zufall wollte es, dass Christians Vater als Letzter der vier Bewerber an der Reihe war. Wie seine Vorgänger betrat er den Kapitelsaal, begrüßte die ehrwürdige Versammlung und stellte sich vor. Er sprach klar, laut und deutlich. Auch jene Domherren, die ganz hinten saßen, konnten ihn gut hören. Der zukünftige Baumeister musste verständlich reden, denn sonst ging auf der Bau-

stelle alles durcheinander. Durch seine natürliche Art machte David von Anfang an einen guten Eindruck.

Der Bischof hatte die Kandidaten gebeten, der Jury ihren Entwurf auf Pergamentpapier vorzustellen. Zu Adalberts großer Überraschung hatte David gleich fünf verschiedene Entwürfe dabei. Als erfahrener Baumeister wusste Christians Vater, dass die Pläne der Architekten nie endgültig waren. Manch ein Architekt hatte schon von einer schönen Kathedrale geträumt, die sich dann aber als unbezahlbar erwies. Den anderen Bewerbern war es nicht gelungen, den Bischof in diesem Punkt zu überzeugen.

David nahm sich viel Zeit, jeden seiner fünf Entwürfe zu erklären. Die Domherren sahen sich die Pergamentrollen genau an. Die versammelten Herren fragten nach, wie die Fassade der Kathedrale und die beiden Türme aussehen sollten. David beantwortete alle Fragen ausführlich. Er wusste, dass sich nicht alle Domherren in Architektur auskannten. Damit sie sich besser vorstellen konnten, wie die verschiedenen Entwürfe aussahen, hatte er Modelle aus Wachs gebaut. Auf ein Zeichen seines Vaters brachte Christian die kleinen Wachskathedralen herein. In diesem Moment wusste David, dass er die Jury überzeugt hatte. David bot den versammelten Herren auch an, die Wachsmodelle nach ihren Wünschen zu ändern. Dafür musste er nur einen Teil des Modells einschmelzen und nach ihren Vorstellungen abändern. David versprach, schon bald ein größeres Modell aus Holz, Stein oder Gips zu bauen, falls sich die Jury für ihn entscheiden sollte. So ein großes Modell konnte man auch dem Volk zeigen, das den Bau dann noch besser unterstützen würde.

Christians Vater hatte noch ein letztes Argument, mit dem er die Domherren und den Bischof endgültig für sich einnahm. Falls sie sich für ihn entschieden, sagte er, könnte er sofort mit einer Gruppe von Maurern und Steinmetzen auf der Baustelle anfangen. Er kannte die Männer schon seit Jahren und wusste, dass sie zuverlässig waren. Der Bauherr musste also, wenn er David einstellte, keine Handwerker suchen.

Die Jury traf schnell eine Entscheidung. David wurde einstimmig zum Dombaumeister gewählt und erhielt von Adalbert seinen Arbeitsvertrag. Für Unterkunft, Verpflegung und seinen Lohn war gesorgt. David schwor auf seine Ehre und die Heilige Schrift, dass er treu und ehrlich für seinen Bauherrn arbeiten würde und für niemanden sonst.

Christian war außer sich vor Freude: Das Talent seines Vaters hatte sich wieder einmal durchgesetzt!

▼ Dieses Holzmodell der Kathedrale Notre-Dame de Ratisbonne in Frankreich stammt aus dem 15. Jahrhundert.

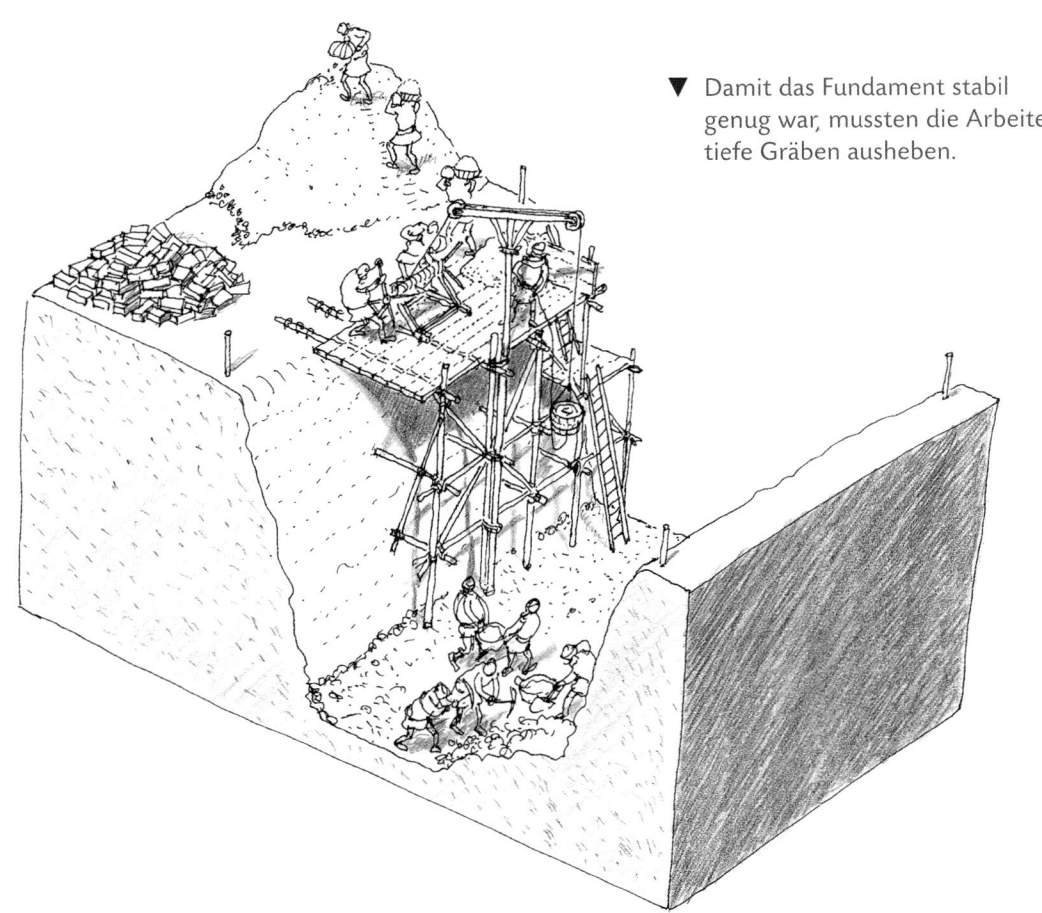

▼ Damit das Fundament stabil genug war, mussten die Arbeiter tiefe Gräben ausheben.

Der Bau des Fundaments

David bezog ein Zimmer in der Bischofsstadt. Auf den verschiedenen Baustellen, auf denen er gearbeitet hatte, hatte er viele Erfahrungen gesammelt. Alles, was er gelernt hatte oder was ihm aufgefallen war, hatte er in seinem Skizzenbuch festgehalten: Wie man zum Beispiel Türme und Kapellen bauen, Mauern errichten sowie Fenster einsetzen konnte. Dieses Skizzenbuch war ihm jetzt eine große Hilfe.

Viele Wochen lang zeichnete David von morgens bis abends an den Bauskizzen, meist auf Pergament. Wenn er dem Bauherrn etwas genauer erklären wollte, malte er auch Teile der Kathedrale mit einem Stock auf den mit Sägemehl bedeckten Boden. Er traf sich immer abends vor dem Essen mit Adalbert und dessen Beratern und zeigte ihnen die neuesten Skizzen. Nach einem Monat standen die Pläne fest, und David fertigte ein Gipsmodell an – die Kathedrale in Miniaturausführung. Jetzt konnten die Bauarbeiten beginnen!

In den kommenden Tagen wurden viele junge Männer aus dem Dorf als ungelernte Handlanger angestellt. Sie hatten die Aufgabe, das Grundstück für die neue Kathedrale frei zu machen. Unter der Anleitung

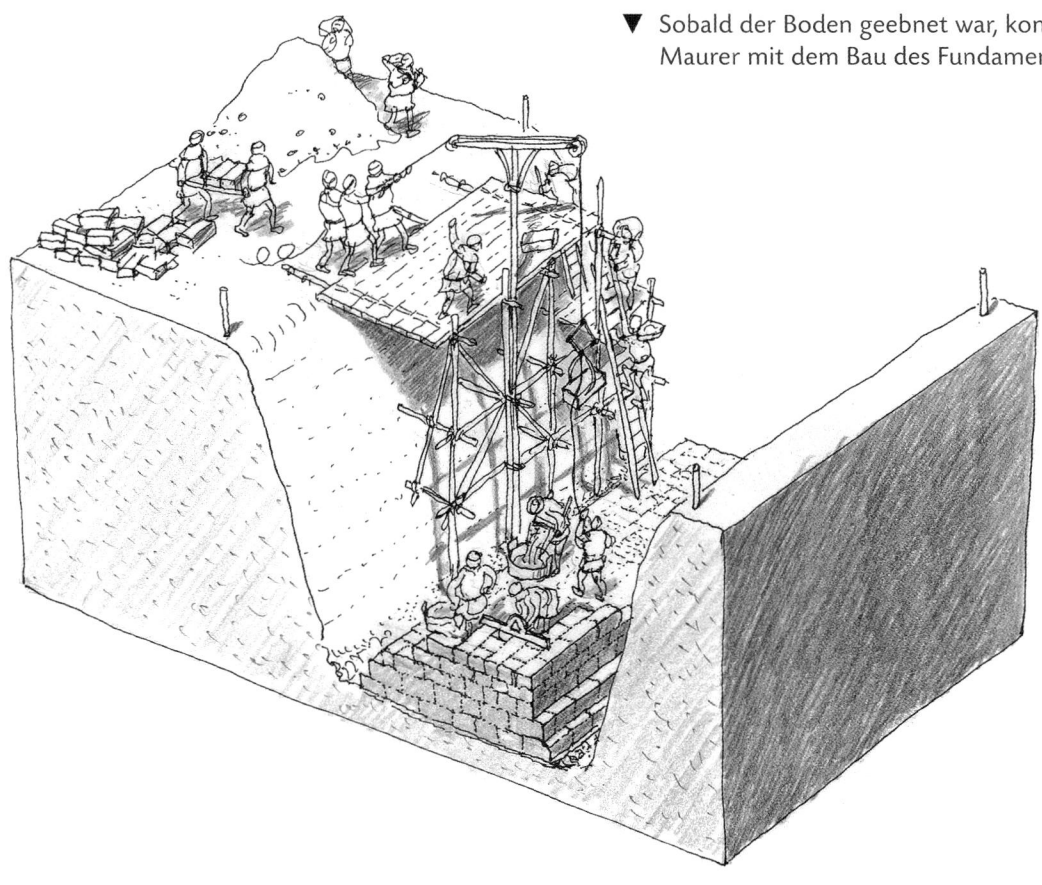

eines Maurermeisters arbeiteten sie von morgens bis abends und machten nur zu den Mahlzeiten Pause. Binnen mehrerer Monate rissen sie die alte Kathedrale fast vollständig ab. Nur die Krypta blieb erhalten. Dieser älteste Teil der Kirche lag unterhalb des Chors, also direkt unter dem Altar. Die Krypta barg den Reliquienschrein mit den Gebeinen des Lukas. Adalbert wollte diese Krypta, weil sie das Herz der alten Kirche war.

Die neue Kathedrale sollte eine viel größere Fläche einnehmen als die alte. Deshalb mussten auch einige der umliegenden Häuser abgerissen werden. Der Bauherr entschädigte die Hausbesitzer und versprach ihnen ein neues Grundstück.

Schließlich hatten die Handlanger allen Schutt auf dem Baugrund beseitigt. David ließ nun mit Holzstäben und Seilen den Grundriss der neuen Kathedrale abstecken. Die Kirche sollte die Form eines Kreuzes erhalten. Der Chor, der über der alten Krypta lag, und die Apsis, also die halbkreisförmige Altarnische dahinter, blickten nach Osten. Die Gemeinde, die später im Hauptschiff dem Gottesdienst folgte, würde in Richtung der aufgehenden Sonne beten. Rechts und links neben dem Hauptschiff hatte David zwei niedrigere Seitenschiffe vorgesehen. Außerdem waren zwei schlanke, sehr hohe Türme geplant, die Besuchern schon von weitem zeigen sollten, welch einen stolzen Dom die Bischofsstadt vorzuweisen hatte. Das

Eimer und Kübel waren wichtige Arbeitsgeräte für Maurer und Steinmetze. Handlanger schleppten den Mörtel in solchen Eimern zu den Maurern.

kürzere Querhaus, das den Übergang zum Chor bildete, verlief in Nord-Süd-Richtung.

Die Umrisse dieser gewaltigen Konstruktion musste David auf dem Gelände genau ausrichten und abstecken. Dann erst konnten die Handlanger beginnen, die Fundamente für die neue Kathedrale auszuheben – eine wahre Knochenarbeit. Ein Fundament ist der Unterbau eines Gebäudes, der ihm im Boden Halt gibt. An den Stellen, an denen tragende Mauern und Pfeiler stehen sollten, mussten tiefe Gräben ausgehoben werden, die man später mit Steinen ausmauerte. Weil die Kathedrale so hoch und schwer werden würde, musste das Fundament mehr als sechs Meter tief in den Boden eingelassen werden. Drei Monate dauerten die Grabarbeiten.

Am Sonntag, dem 8. Juni 1152, legte Bischof Adalbert den Grundstein der neuen Kathedrale. Über tausend Menschen nahmen an der Feier teil.

Für den Bau des Fundaments verwendete man die Steine der alten Kathedrale.

Sie waren alle einheitlich groß und konnten auf den weichen Erdboden hinabgelassen werden. Vorsichtig setzten die Maurer Stein auf Stein. Oben rührten die Mörtelmischer mit Sand, Kalk und Wasser ständig Nachschub an Mörtel zusammen. Die richtige Mischung war eine heikle Angelegenheit, denn wenn der Mörtel nicht wie gewünscht abband, war das Fundament später nicht stabil. Die kräftigsten Kinder aus dem Dorf trugen auf den Schultern die Mörteltröge zu den Maurern hinunter. Sie kletterten die Leitern hinab und wieder hinauf und waren stolz, auf dieser ganz besonderen Baustelle mithelfen zu können. Mit ihren Kellen verteilten die Maurer den Mörtel, um die Steine fest miteinander zu verbinden. Regelmäßig überprüfte David mit einer Lotleine, einer Schnur mit einem Bleigewicht, ob das Fundament auch wirklich ganz gerade war. Ein kleiner Fehler nur, und der Sockel hätte die riesige Kathedrale später nicht getragen.

Nicolas,
der Sohn des Dompflegers

▶ Die Domherren trafen sich regelmäßig, um die Kosten für den Bau zu überprüfen.

Mit der Eröffnung der Baustelle war Nicolas' Vater ein bedeutender Mann geworden. Weil er gebildet und vertrauenswürdig war, hatte man ihn zum Dompfleger ernannt. Der Dompfleger achtete darauf, dass immer genügend Geld für die Bauarbeiten da war. Die Einnahmen, die für den Bau bestimmt waren, und die Ausgaben wurden von ihm verwaltet. Nicolas' Vater hatte also eine wichtige Aufgabe.

Jeden Abend sah Nicolas zu, wie sein Vater in einem schönen Buch aus Pergament Notizen machte. Er schrieb in lateinischer Sprache genau auf, wie viele Arbeiter an diesem Tag auf der Baustelle gewesen waren, welche Arbeiten sie verrichtet und wie lange sie dafür gebraucht hatten.

Das Rechnungsbuch enthielt alle Ausgaben des Tages. Man konnte ihm daher genau entnehmen, wie viel die Bauarbeiten für die Kathedrale an jedem Tag gekostet hatten. Auch die Entschädigungen für die Besitzer der zerstörten Häuser, der Preis für den Bau des Fundaments und die Löhne der Arbeiter wurden sorgsam aufgeschrieben. Auf der Einnahmeseite notierte Nicolas' Vater alle kleinen und großen Spenden, Erbschaften und andere Beträge. Nichts durfte vergessen werden!

Nicolas war stolz auf seinen Vater, den obersten Hüter der Finanzen. Ohne ihn hätte die Kathedrale nicht gebaut werden können.

► Auf dem Fluss konnten Steine und Bauholz am einfachsten transportiert werden.

Im Steinbruch und im Wald

Die Versorgung mit gutem Stein war das wichtigste Anliegen der Bauherren – ohne guten Stein kein Dom! Adalbert hatte das Glück, dass ganz in der Nähe der Stadt ein Steinbruch lag, der einer befreundeten Abtei gehörte. Dort konnte Adalbert den Stein zu einem günstigen Preis kaufen.

Zunächst hatte man befürchtet, Steine für die Kathedrale aus den Stadtmauern verwenden zu müssen. Doch dank des nahen Steinbruchs konnte man die Stadtmauern unversehrt lassen.

Ausgerüstet mit Spitzhacken und Holzkeilen begannen ungefähr 50 Steinbrucharbeiter, grobe Blöcke aus dem Steinbruch herauszuschlagen. Ein in der Steinbrucharbeit besonders erfahrener Meister überwachte die Arbeiten. Die Meister und die Steinbrecher brauchten viel Erfahrung, um gleichmäßige Steinblöcke aus dem Fels zu schlagen. Sie mussten abschätzen, wie hart der Stein war, und erkennen, wie die Gesteinsschichten verliefen. Mit ihren Werkzeugen und enormer Muskelkraft spalteten sie den Fels und brachen große Blöcke heraus. Diese Blöcke wurden später von den Steinmetzen zerteilt und zu Mauersteinen behauen. Aus anderen Blöcken fertigten die Bildhauer ihre steinernen Kunstwerke – Kapitelle, Skulpturen oder das Maßwerk der Fenster.

Die herausgehauenen Steinblöcke mussten nun zur Baustelle transportiert werden. Mit 20 Frachtkähnen brachte man sie auf dem Fluss bis in die Stadt. Leider lag der Steinbruch mehrere Wegstunden vom Fluss entfernt. Mit schweren Ochsenkarren mussten die Steine daher zunächst zum Flussufer geschafft werden.

Adalbert wusste, dass die Ochsenkarren teuer werden würden, denn der Preis hing auch vom Gewicht der Steine ab. Deshalb

▼ Manchmal halfen sogar Mönche bei der Arbeit im Steinbruch. In Gruppen brachen sie große Blöcke heraus.

▲ Im Mittelalter war es nicht einfach, ausreichend Holz in guter Qualität zu finden. Weite Waldgebiete waren bereits abgeholzt.

schickte er 30 Steinmetze in den Steinbruch. Sie sollten die großen Blöcke teilen, bevor sie auf die Karren geladen wurden. Aus demselben Grund ließ Adalbert schon im Steinbruch manche Säulen formen und den oberen Abschluss, das Kapitell, verzieren.

Adalbert hatte noch ein zweites Problem: Holz war ein kostbares Gut. Im Mittelalter wurden weite Waldflächen gerodet, um Platz für die wachsende Bevölkerung zu schaffen. Außerdem brauchte man Holz für den Bau von Häusern und Schiffen und als Brennstoff. Eine nachhaltige Waldwirtschaft, bei der für jeden gefällten Baum ein neuer gesetzt wird, kannte man noch nicht. So kam es, dass überall in Europa große Waldgebiete ganz verschwanden. Des-

halb war gutes Holz mittlerweile selten. Doch auch hier war das Glück auf Adalberts Seite – in seinen Augen ein sicheres Zeichen dafür, dass Gott den Bau der neuen Kathedrale guthieß. Dieses Glück kam in Gestalt von Mönchen einer befreundeten Abtei. Sie erlaubten den Zimmerleuten, in ihrem Wald 2000 Bäume zu fällen. Wie schon die vielen Steine, so sollten auch die Baumstämme über den Fluss in die Stadt gebracht werden. Leider würde auch dies viel Geld verschlingen.

Doch am Ende waren Steine und Holz gar nicht so teuer, wie Adalbert anfangs geglaubt hatte, weil der Steinbruch und der Wald ja schon der Kirche gehörten. Mit dem eingesparten Geld konnte er die Kathedrale umso schöner bauen.

Daniel,

der Zimmermannslehrling

Der junge Lehrling Daniel half fünf anderen Zimmerleuten beim Bau der ersten bogenförmigen Gerüste, die nach den Plänen des Baumeisters gefertigt wurden. Sie sollten später die schweren steinernen Strebebögen der Kathedrale tragen.

Das erste Gerüst wurde auf dem Boden angefertigt. Daniel sah genau zu, wie es ging. Als das Gerüst fertig war, hievten es alle gemeinsam an Seilen nach oben. Das eine Ende des Gerüsts wurde auf einen Pfeiler gestellt, das andere auf einen dicken Steinpfeiler an der Außenmauer der Kathedrale, den Stützbogen. Auf das Gerüst setzten die Maurer die maßgefertigten Steine. Als der Mörtel trocken war, mussten sie nur noch das Gerüst wegnehmen, und der Strebebogen war fest an seinem Platz.

Daniel war sehr aufgeregt, im Inneren der künftigen Kathedrale zu arbeiten. Wenn er den Kopf in den Nacken legte, konnte er die Wolken am Himmel sehen – die Kathedrale hatte ja noch kein Dach!

Der älteste Arbeiter hatte Daniel erlaubt, auf die Spitze eines Gerüsts zu klettern.

Von dort oben hatte er einen wunderbaren Blick auf die gesamte Baustelle. Wie klein die Menschen da unten aussahen!

▼ Ein guter Zimmermann hatte eine lange Ausbildung hinter sich.

Bis vor knapp 200 Jahren nannte man die Handwerkshäuschen auf der Dombaustelle einfach Hütten. Erst im 19. Jahrhundert setzte sich der Begriff Bauhütte oder Dombauhütte durch.

Die Bauhütten

Am Rand der Baustelle standen mehrere Holzhütten und kleine Steinhäuser. Manche waren sogar direkt an die Mauern der Kathedrale gebaut. Das waren die Bauhütten. Jedes Handwerk, das am Bau der Kathedrale beteiligt war, hatte seine eigene Bauhütte: die Steinhandwerker, also Maurer, Steinmetze und Bildhauer, die Zimmerleute, die Glaser und andere mehr.

Die Bauhütte war zunächst ein Rückzugsort für die Arbeiter und Meister. Hier suchten die Handwerker Schutz vor Regen oder Kälte. Und im Sommer machten sie während der Mittagshitze in der Bauhütte Pause. In manchen Bauhütten wurde auch ein Mittagessen ausgegeben. In einer Hütte hatten zwischen 12 und 20 Personen Platz. Lehrlinge, Gesellen und Meister aßen einträchtig zusammen.

In den Bauhütten wurden auch die Werkzeuge aufbewahrt. Sie gehörten meist nicht den Handwerkern, sondern dem Bauherren. Deshalb musste abends jeder nach getaner Arbeit die Werkzeuge in der Bauhütte abgeben. Für das Einsammeln waren normalerweise die Lehrlinge zuständig. Was genau in einer Bauhütte aufbewahrt wurde, zeigt das Beispiel der Kathedrale von York in England aus dem 13. Jahrhundert: In der Bauhütte der Steinmetze wurden 69 Hämmer, 96 Scheren, eine Zange, 24 Vorschlaghämmer, eine Axt, eine Handsäge, eine Schaufel, eine Schubkarre, 2 Eimer, ein Zirkel, 2 Reißbretter und ein Karren aufbewahrt.

Schon bald war die Bauhütte mehr als nur ein Aufenthaltsraum für die Arbeiter und ein Aufbewahrungsort für Werkzeug. Nun hieß die Gemeinschaft der Handwerker selbst »Bauhütte«. Jeder Handwerker war stolz auf »seine« Bauhütte. Die Bauhütten trugen den Namen der Stadt, in der sie entstanden waren, etwa die »Kölner Bauhütte«.

In jeder Bauhütte gab es Gesellen, Lehrlinge und immer auch einige Wandergesellen. Die Gesellen bildeten die größte Gruppe. Der geschickteste und erfahrenste von ihnen leitete die Bauhütte und trug den Titel »Hüttenmeister«. Der Hüttenmeister teilte die Arbeit seiner Bauhüttenmitglieder

Winkelmaß

Hammer

Kelle

Zweispitz

▲ In der Bauhütte wurde das Werkzeug der Maurer und Steinmetze aufbewahrt.

▲ Die Bildhauer wollten sich von den Steinmetzen absetzen.
Als Unterscheidungsmerkmal trugen sie ein weißes Band um den Kopf.

ein, hatte die Aufsicht über das Werkzeug und war dafür verantwortlich, dass seine Handwerker auf der Baustelle gute Arbeit verrichteten. Er hatte daher auch das Recht, Gesellen zu bestrafen, wenn sie zum Beispiel fehlerhafte Arbeit abgeliefert oder sich auf der Baustelle oder in der Stadt schlecht benommen hatten.

Außerdem verpflichtete sich der Hüttenmeister gegenüber dem Bischof und den Domherren, für die Einhaltung der Gesetze zu sorgen, die auf der Baustelle galten. Gemeinsam mit den anderen Hüttenmeistern arbeitete er eng mit dem Baumeister zusammen.

▲ Ein guter Maurergeselle konnte besten Mörtel herstellen, der die Mauern besonders stabil machte.

Jede Bauhütte verpflichtete sich, drei oder vier Lehrlinge, auch Hüttendiener genannt, auszubilden. Die Kinder traten schon mit zwölf Jahren beim Meister in die Lehre. Wenn sich die Gesellen und der Meister über ihre Arbeit unterhielten, durften die Lehrlinge nur zuhören. Sie wussten noch nicht genug über das Handwerk und sollten lernen, indem sie gut aufpassten.

Nach und nach entstanden in großen Städten wie Zürich, Köln und Straßburg Haupthütten, denen kleinere Nebenhütten unterstellt waren. Es bildete sich eine Hüttenordnung aus, die es verbot, die Hüttengebräuche an Außenstehende weiterzugeben. An diese Vorgabe knüpften Geheimbünde wie die Freimaurer an, die sich für Menschlichkeit und Brüderlichkeit einsetzten. Die Freimaurer entwickelten sich aus den Steinmetzbruderschaften, ihre Symbole sind bis heute der Zirkel und das Winkelmaß. Berühmte Mitglieder waren unter anderem Wolfgang Amadeus Mozart und der erste amerikanische Präsident George Washington.

Pascal,
der junge Steinmetz

Pascal war der Sohn eines Bildhauers. Seine Zukunft war deshalb schon vorgezeichnet. Im Mittelalter war es üblich, dass die Söhne das Handwerk ihrer Väter erlernten. Und jeder Vater wusste, wo sein Platz in der Gesellschaft war und dass seine Söhne in seine Fußstapfen treten würden. Noch heute lassen viele Familiennamen darauf schließen, welcher Beruf in der Familie über Generationen ausgeübt wurde: Maurer oder Köhler, Seiler oder Steinbrecher.

Mit zwölf Jahren wurde Pascal in die Stein-handwerker-Bauhütte aufgenommen. Hier waren Steinmetze, Maurer und Bildhauer zusammengefasst. Als ihm die Regeln der Bauhütte vorgelesen wurden, war er furchtbar aufgeregt. Vor den versammelten Bauhüttenmitgliedern schwor er, sich daran zu halten. Dazu legte er die rechte Hand auf das Johannesevangelium. Auf dem Buchdeckel waren ein Kompass und ein Winkelmaß zu sehen, die einander kreuzten. Das war das Erkennungs-

► Im Mittelalter durfte sich nur Bildhauer nennen, wer Steinskulpturen herstellen konnte.

33

zeichen der Steinmetze. Von nun an war Pascal seinen Bauhüttenbrüdern in Treue verbunden.

Pascal lernte fleißig. Er hatte jetzt keine Zeit mehr, mit den anderen Kindern auf der Baustelle herumzutoben. Sein Arbeitstag war ebenso lang wie der der Erwachsenen. Abends fiel der Zwölfjährige daher völlig erschöpft auf sein Nachtlager und schlief tief und fest, bis er am nächsten Morgen in aller Herrgottsfrühe geweckt wurde.

Die Bauhütte reiste von Baustelle zu Baustelle. Seit kurzem stand sie auf dem Vorplatz des geplanten Doms von Adalbert.

Natürlich konnte Pascal nicht gleich so schöne Statuen meißeln wie sein Vater. Erst musste er

seine Ausbildung beenden – und die dauerte zwischen fünf und sieben Jahren! Das war angemessen, denn Pascal musste sämtliche Feinheiten der Steinbearbeitung erlernen.

Zuerst wurde er in die Kunst des Mörtelrührens eingeweiht. Geduldig vermischte er Wasser mit Kalk und Sand. Gemeinsam mit gleichaltrigen Lehrlingen hantierte er mit Trögen, Eimern, Kübeln und Schaufeln. Sie rührten den Mörtel an und brachten ihn dann schnell, bevor er hart wurde, zu den Gesellen. Vom Mörtel hing es ab, ob Mauern und Gewölbe dauerhaft stabil waren.

Steinmetz und Maurer waren zwei getrennte Handwerke. Pascal musste zunächst die Arbeit der

▲ Bis ein Lehrling guten Mörtel mischen konnte, verging oft viel Zeit.

▼ Auf diesem Fenster der Kathedrale von Chartres in Frankreich
sind Bildhauer bei der Arbeit zu sehen.

Maurer erlernen. Erst dann durfte er mit dem Steinmetzhandwerk beginnen, denn auch Steinmetze mussten wissen, wie man feste, hohe Mauern baut.

Eines Tages schenkte ihm sein Vater ein Lineal, einen Hammer, eine Schere und einen kleinen Zirkel. Mit diesem Werkzeug hatte schon Pascals Großvater gearbeitet. Da wusste Pascal, dass er von nun an in die Geheimnisse der Bildhauerei eingeweiht werden würde. Jetzt durfte er auch auf der Baustelle bleiben. Solange er Mörtel gerührt hatte, musste er die Ausbildung im Winter für eine Weile unterbrechen, weil der Mörtel in der Kälte gefroren wäre.

Pascals Lehrzeit dauerte noch lang. Jahre später lernte er beispielsweise bei einem italienischen Mitglied seiner Bauhütte, wie man die Farben für die Steinskulpturen herstellt.

Erst nach Abschluss seiner Ausbildung würde Pascal ein weißes Band um den Kopf tragen dürfen. Das war das Erkennungszeichen der Bildhauergesellen. Ein Bildhauer fertigte Heiligen- und Bischofsfiguren für den Innenraum der Kirche, aber auch kunstvolle Wasserspeier. Die Wasserspeier, die an der Außenseite des Doms das Dachwasser ableiteten, wurden oft als gruselige Fabelwesen gestaltet.

◄ Hier ist ein Kran mit einer einfachen Zange zu sehen. In der Tretmühle schwitzen zwei Lehrlinge.

► Mit dem Hebebock konnten große Steinblöcke bewegt werden. Der Hebebock wurde von drei Männern bedient.

Maschinen und Werkzeuge

Höher und immer höher sollte die Kathedrale werden. Adalbert und David hatten alle Hände voll zu tun und mussten allerlei Hebevorrichtungen, Transportmittel und Werkzeuge besorgen.

Viele Techniken und Maschinen kamen aus der Römerzeit. Auf den mittelalterlichen Baustellen wurden sie verbessert und den neuen Bedürfnissen angepasst. Die Hilfsmittel für den Transport von kleineren Steinblöcken waren zum Teil schon seit der Antike bekannt. Kräftige Jungen schleppten kleinere Steine in Weidenkörben oder Holzkisten von einem Ort zum anderen. Oft transportierten zwei Lehrlinge einen Steinblock auf einer hölzernen Tragbahre. Auch Flaschenzüge und Seilwinden waren verbreitet. Damit konnte man Steine oder volle Mörteleimer hochhieven, indem man an einem Seil zog. So war die Arbeit nicht ganz so anstrengend. Die Schubkarre setzte sich erst im 14. Jahrhundert auf den Baustellen durch.

Überall auf der Baustelle waren Gerüste aufgebaut. Sie bestanden aus Stangen, die fest mit Seilen zusammengebunden waren, und sahen ähnlich aus wie unsere heutigen Gerüste – mit einem großen Unterschied:

Kaum eines stand auf dem Boden. Sie »hingen« gewissermaßen an den Mauern, befestigt an Balken, die in die Wand eingelassen waren. So hatten die Handwerker Plattformen, auf denen sie stehen und arbeiten konnten. Die Balken benutzten sie für ihre Flaschenzüge. Je höher die Kathedrale wurde, umso höher wanderten auch die Gerüste.

Ein Steinblock wog bis zu 500 Kilogramm und musste manchmal sogar in über 100 Meter Höhe gebracht werden. Die Ingenieure des Mittelalters entwickelten dafür neue Hebetechniken. Wir wissen, wie die Hebevorrichtungen aussahen, weil sie auf gut erhaltenen mittelalterlichen Zeichnungen zu sehen sind. Auch einige der bunten Kathedralenfenster zeigen die verschiedenen Bautechniken.

Um die Hebemaschinen überhaupt in Gang zu bringen, waren Tretmühlen auf den Dombaustellen recht verbreitet. Oft waren zwei Treträder über eine Achse miteinander verbunden. Diese beiden Räder wurden von zwei Lehrlingen bewegt, die in den Rädern liefen – eine schweißtreibende Angelegenheit! Mit dieser Kraft konnte man einen Holzkran betreiben, der 600 Kilogramm Last

► Diese Darstellung des Turmbaus zu Babel
zeigt die Mitglieder einer Bauhütte mit zwei
Hebemaschinen.

problemlos anhob. So wurden Holzgerüste, Mörteltröge und Steine in die Höhe gehievt. Weil ein Kran je nach Bedarf zerlegt werden konnte, wurde er für die verschiedensten Arbeiten auf der Baustelle eingesetzt. Man konnte ihn sogar ganz oben im Dachstuhl verankern und das Baumaterial dann bis dorthin heben.

Eine einfachere Hebevorrichtung war die Bockwinde. Sie bestand aus drei oder vier Holzbalken, die pyramidenförmig auf dem Boden standen, und einer Winde. Ein Lehrling drehte die Winde, und schon rollte sich das Seil auf. Mit der Bockwinde wurden Steine und Holz angehoben.

Die Materialien, die es mit der Winde oder dem Kran zu transportieren galt, wurden von Zangen gehalten, die am Seil befestigt waren. Die Kranzangen hinterließen allerdings Löcher im Stein. Deshalb kam

▲ Gerüste erleichtern die Arbeit der Maurer. Oft standen sie nicht, wie hier dargestellt, auf dem Boden, sondern wurden an die Mauer gehängt.

beim Dombau oft der »Wolf« zum Einsatz: Dieses Werkzeug wurde in den Stein hineingetrieben. Dadurch blieb an drei Seiten die Außenfläche des Steins, die später sichtbar war, unbeschädigt.

Eine wichtige Aufgabe der Zimmerleute war neben dem Gerüstbau das Anfertigen der sogenannten Lehrgerüste. Die gotischen Kirchen unterschieden sich ja durch ihre Skelettbauweise von den romanischen Vorgängerkirchen: Statt massiver Mauern trug eine Art Gerippe die Last des Baus. Nur dadurch wurde es überhaupt möglich, so hoch zu bauen und so große Fensterflächen einzuplanen. Das Kreuzrippengewölbe im Innenraum ruhte auf Pfeilern, und die Last der Gewölbe wurde auf Strebepfeiler an den Außenmauern abgeleitet. Um Spitzbögen, Kreuzrippengewölbe und Strebepfeiler zu mauern, brauchte man Lehrgerüste, die die Form der Bögen vorgaben. Sie wurden von den Zimmerleuten am Boden zusammengebaut und dann nach oben gehievt. Wollte man einen Strebebogen mauern, befestigte man das Lehrgerüst am Pfeiler und am Strebepfeiler und setzte die Steine oben drauf. Wenn der Mörtel abgebunden hatte, entfernte man das Lehrgerüst wieder.

Beim Kreuzrippengewölbe war die Sache noch komplizierter: Hier kreuzten sich Rippen, die diagonal zwischen zwei Pfeilern verliefen. Man musste daher vier Lehrgerüste nach oben schaffen, die sich in der Mitte zwischen den vier Pfeilern trafen. Auf die Lehrgerüste kamen die Steine, und am höchsten Punkt setzten die Maurer einen kreuzförmigen Schlussstein, der die Rippen zusammenhielt. Vervollständigt wurde das Kreuzrippengewölbe seitlich durch Spitzbögen, die der Konstruktion zusätzlich Halt gaben. Waren Rippen und Spitzbögen gemauert, wurde der Zwischenraum zwischen den Lehrgerüsten mit Brettern verschalt und ausgemauert. Zum Schluss strich man eine Schicht Gussmörtel auf die Steine. Wenn alles getrocknet war, wurden Verschalung und Lehrgerüste entfernt. Auf diese Art entstanden die Gewölbe von Hauptschiff und Seitenschiffen der Kirche. Man darf nicht vergessen, dass diese Arbeiten in schwindelerregender Höhe stattfanden!

▼ Auch wenn der Bauherr zu Besuch kam, arbeiteten die Handwerker fleißig weiter.

Severin,
der Seiler

▲ Diese Miniatur aus dem 12. Jahrhundert zeigt die Heiligen Peter, Paul und Stephan. Sie erscheinen Abt Gunzo und führen ihm mit Seilen vor, wie die Abteikirche von Cluny zu bauen sei.

Mit zwölf Jahren ging Severin bei Meister Joseph in die Lehre. Joseph war einer der angesehensten Seiler weit und breit.

Zu Beginn der Bauarbeiten an der Kathedrale hatten die Zimmerleute bei Joseph 100 dicke Seile bestellt. Sie wollten damit die Baumstämme zusammenbinden, die auf dem Fluss in die Stadt transportiert werden sollten. Lose wären die Stämme unkontrolliert auf dem Fluss umhergetrieben. Viele wären dabei verloren- oder kaputtgegangen.

Später musste Joseph riesige Mengen Hanfseile herstellen, mit denen die Baugerüste zusammengebunden werden sollten. Meister Josephs fünf Gesellen arbeiteten täglich über zwölf Stunden, um den Auftrag zu erfüllen. Und kaum waren sie fertig, wurden auch schon verschiedene Seile für die Hebemaschinen gebraucht.

Die Seiler brauchten reichlich Platz. Auf der 200 Meter langen Seilerbahn, auch Reeperbahn genannt, befanden sich die Bahnen der Reepschläger. Am einen Ende hatte jeder Seiler das Seilgeschirr mit drei oder vier drehbaren Haken, am anderen Ende einen beweglichen Schlitten mit einem Haken. Der Seiler spannte das Hanfgarn, das zuvor gesponnen worden war, zwischen dem Haken am Seilgeschirr und dem am Schlitten aus. Nun drehten Severin und zwei weitere Gehilfen die drei Haken und zwirbelten so die Stränge zusammen. Anschließend vereinigte der Seiler die drei Stränge. Damit das Seil besonders stramm wurde, drehte ein Gehilfe zusätzlich den Haken am Schlitten.

Dem Bischof gebührt die Ehre, die neue Kathedrale zu weihen. Er benetzt einen Lorbeer- oder Eichenzweig mit Weihwasser und zeichnet damit ein Kreuz in die Luft.

Die Domweihe

Seit der Grundsteinlegung durch Bischof Adalbert waren 63 Jahre vergangen. Dessen drei Nachfolger hatten sich weiter um die Baustelle gekümmert. Bischof Hugo hatte nun die große Ehre, die Kathedrale zu weihen. Der erste Baumeister David war schon 40 Jahre tot. Nach ihm hatte sein Sohn Christian die Bauarbeiten geleitet, und ihm war der Enkel André nachgefolgt. Unter seiner Führung war die Kathedrale vollendet worden. Sie sah nun allerdings nicht ganz so aus, wie Adalbert sie sich vorgestellt hatte. Weil dem Bauherrn das Geld ausgegangen war, waren die Türme und das Kirchenschiff niedriger geworden als geplant. Die neue Kathedrale hatte weniger Glocken als vorgesehen, und kleinere Skulpturen zierten das Hauptportal. Auch die Fensterrose über dem Portal war nicht ganz so prächtig ausgefallen wie ursprünglich gedacht.

Dafür hatten die Steinmetze und Bildhauer mit ihrer Kunst der Kathedrale zu ungeheurer Schönheit verholfen: Das Maßwerk der Fenster, also die in Stein gehauenen Muster, in die die Glaser das Glas einfügten, war so filigran wie in kaum einer anderen Kirche der Zeit. Besonders viel

Mühe hatten sich die Bildhauer mit den Wasserspeiern gegeben. Durch diese Rohre schoss das Regenwasser aus den Traufrinnen des Dachs in großem Bogen vom Gebäude weg, damit das Mauerwerk nicht nass wurde. Sie hatten die Form von Fabelwesen, die mit ihren furchtbaren Fratzen und den drachenartigen Schwingen und Klauen böse Geister von der Kirche fernhalten sollten.

Doch das zählte jetzt nicht. Die Stadtbewohner waren begeistert von ihrer wunderschönen Kathedrale. Ihre Anstrengungen und die Mühe ihrer Eltern, Großeltern und Urgroßeltern hatten sich ausgezahlt. Zwar schimpften manche, das Geld für den Dombau hätte man besser den Armen geben sollen. Aber an so einem Freudentag hörte niemand auf solche Spielverderber! Alle

◀ War der Bau einer Kathedrale vollendet, blickte die ganze Stadt stolz auf das großartige Bauwerk.

◄ In der neuen Kathedrale fand eine riesige Menschenmenge Platz.

44

Stadtbewohner feierten mit dem Bischof die schöne neue Kathedrale.

Tausende von Menschen waren gekommen und schritten in einer feierlichen Prozession auf die Kathedrale zu. Hinter Bischof Hugo kamen die Äbte und Priester der Nachbargemeinden und sangen lateinische Lieder. Darauf folgten die adligen Familien. Überall wehten die Fahnen der Zünfte – ein Hinweis darauf, dass das Handwerk viel Geld für den Bau der Kathedrale gegeben hatte. Die Kinder konnten vor Aufregung kaum ruhig gehen.

Als Hugo vor der Kathedrale stand, wurde die Menge ganz still. Er klopfte mit seinem Bischofsstab an das schwere Eichentor. Wie von Geisterhand öffnete es sich, und die Gläubigen betraten hinter ihrem Bischof staunend den hell erleuchteten Innenraum.

Die reichen Familien nahmen direkt gegenüber dem Altar Platz. Die Stadtbürger und die Landbewohner hörten sich den Gottesdienst im Stehen an. Es waren so viele Menschen gekommen, dass der Dom bis auf den letzten Platz besetzt war.

Um den Altar saßen die Äbte und Priester. Auch André, der Baumeister, hatte dort Platz genommen. Mit ihm waren die Vertreter der Bauhütten gekommen.

Zu Beginn der Messe las der betagte Kardinal den Gläubigen eine kurze Botschaft des Papstes vor. Dann überließ er Bischof Hugo das Wort. In einer langen Rede erinnerte der Bischof die Zuhörer an die religiöse Bedeutung der Domweihe.

Nach der Messe hielten die geladenen Gäste ein großes Festmahl im Hause des Bischofs. Die anderen Gläubigen gingen in die Gasthäuser und Schenken der Stadt, wo sie an diesem besonderen Tag umsonst essen und trinken konnten. Außerdem hatte der Stadtrat zur Feier des Tages alle Häftlinge begnadigt, die wegen kleiner Gaunereien im Gefängnis gesessen hatten.

Die Kinder spielten in einer der wenigen Bauhütten, die noch standen. Der älteste Junge erklärte sich zum Bauherrn der Kathedrale, ein anderer zum Hüttenmeister der Steinmetze. So vergnügten sie sich bis zum Abend.

Simon,
der Glasmacher

Simons Vater hatte seinen Sohn als Lehrling bei Glasermeister Albert untergebracht. Albert kaufte rohes Glas und fertigte kunstvolle Fenster daraus. Im 12. Jahrhundert erfand man Buntglas, das für die neuen gotischen Bauten ausgiebig genutzt wurde. Maler lieferten die Vorlagen für die Buntglasfenster. Oft waren biblische Geschichten auf den Fenstern abgebildet, manchmal aber auch Szenen aus dem Dombau oder besonders großzügige Geldgeber.

Simon musste sehr genau aufpassen, um alle Geheimnisse dieses Handwerks zu erlernen. Zuerst fertigte Albert kleine Modelle der Glasscheiben an, dann ein Kartonmuster in Originalgröße, später eine Musterzeichnung, und schließlich pauste er die Zeichnung auf das Glas durch und bemalte es. Manchmal half Simon, das Glas zu schneiden. Dies geschah mit einem Eisenstück, das man zuvor so lange ins Feuer gehalten hatte, bis es rot glühte. Das Glasschneiden war sehr schwierig, und weil Glas teuer war, durfte sich Simon keine Fehler erlauben. Ein falscher Schnitt, und das Glas brach.

Simon lernte auch, die Glasstücke mit Blei einzufassen. So wurden die einzelnen Teile der Fensterscheibe miteinander verbunden.

▲ Dieses großartige Fenster zeigt das Jüngste Gericht. Die Bibel sagt, dass an diesem Tag die Seelen der Toten gewogen werden: Je nachdem, ob die Menschen auf Erden gut oder schlecht gewesen sind, kommen sie ins Paradies oder in die Hölle.

Simon wollte eines Tages gerne selbst Glasermeister werden und solche wunderschönen Fenster herstellen. Meister Albert sagte immer, Kathedralen seien wie Bilderbücher. Weil im Mittelalter nur wenige Menschen lesen konnten, lernten sie die Geschichten aus der Bibel kennen, indem sie die Fensterbilder und die Kirchenskulpturen betrachteten.

BILDNACHWEIS

Bibliografische Information Der Deutschen Nationalbibliothek
Die Deutsche Nationalbibliothek verzeichnet diese Publikation in der Deutschen Nationalbibliografie;
detaillierte bibliografische Daten sind im Internet unter http://dnb.d-nb.de abrufbar.

Titel der Originalausgabe: *Les bâtisseurs des cáthedrales*
Erschienen bei Éditions de La Martinière SA, Paris 2004
Ein Unternehmen der La Martinière Groupe
Copyright © 2004 Éditions de La Martinière SA, Paris, Frankreich

Deutsche Erstausgabe
Copyright © 2009 von dem Knesebeck GmbH & Co. Verlags KG, München
Ein Unternehmen der La Martinière Groupe

Gestaltung: Isabelle Southgate und Fabian Arnet
Umschlaggestaltung: Gudrun Bürgin
Satz: satz & repro Grieb, München
Druck: Proost, Turnhout
Printed in Belgium

ISBN 978-3-86873-102-6